2 Juni 87. ✓

Fournisseur breveté
de S. M. l'Empereur du Brésil

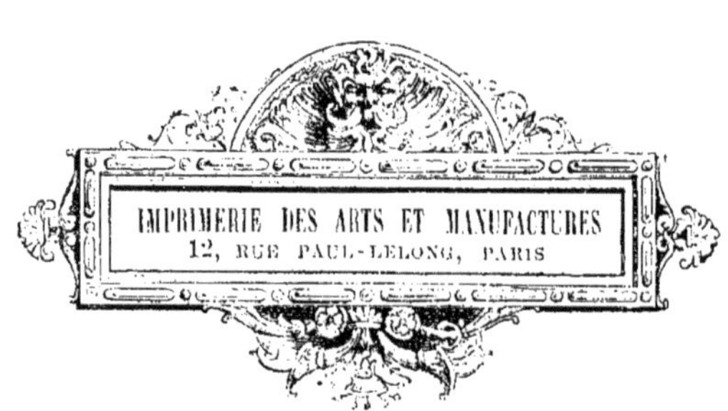
IMPRIMERIE DES ARTS ET MANUFACTURES
12, RUE PAUL-LELONG, PARIS

PAR SUITE DE DÉCÈS ET DE LICITATION

En Vertu d'Ordonnance

VENTE

D'ORFÈVRERIE ARTISTIQUE

Argenterie Ancienne et Moderne

CAFETIÈRES, THÉIÈRES, SUCRIERS, TIMBALES, GOBELETS, HUILIERS
SALIÈRES, BOUTS DE TABLE, MOUTARDIERS
POTS A CRÈME, BACS A PAIN, CHANDELIERS, FLAMBEAUX, CANDÉLABRES
VASES, OBJETS DE VITRINES, JOUETS
COFFRES, COFFRETS, BOITES, NOMBREUSES CURIOSITÉS

BIJOUX ANCIENS & MODERNES

PERLES, BRILLANTS, BROCHES
PENDANTIFS, BAGUES, BRACELETS, ÉPINGLES DE COIFFURES

Série intéressante de montres de diverses époques

CHATELAINES, DEMI-PARURES, ETC.

LE TOUT PROVENANT DE LA MAISON

MAURICE POLAK

Et dont la Vente aura lieu

HOTEL DROUOT - SALLE N° 9

A 2 HEURES

Jeudi 2, Vendredi 3, Samedi 4 Juin

COMMISSAIRES-PRISEURS :

Me GEORGES BOULLAND	Me E. DEGAS
26, Rue des Petits-Champs	40, Rue de Trévise, 40

EXPERT

M. EUG. SORTAIS, 28, Rue des Capucines

Exposition le 1er Juin de 2 heures à 3 h. 1/2

CONDITIONS DE LA VENTE

Elle sera faite au comptant.

Les acquéreurs payeront en sus des enchères *cinq pour cent*, applicables aux frais.

L'exposition mettant le public à même de se rendre compte de l'état des objets, il ne sera admis aucune réclamation une fois l'adjudication prononcée.

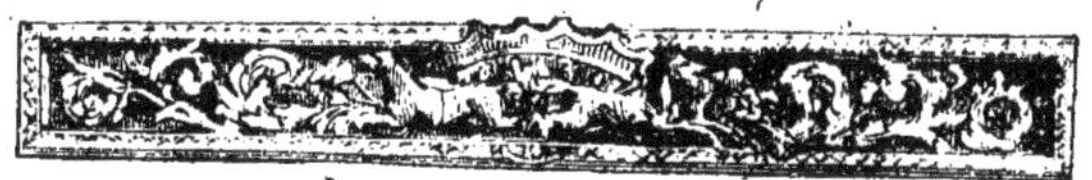

DÉSIGNATION DES OBJETS

ARGENTERIE
ORFÈVRERIE ARTISTIQUE

1 — Petit service à café de style Louis XV, composé d'un plateau, une verseuse, un pot à crême et un sucrier.

2 — Partie de service composé de la verseuse, du sucrier et de la théière à godrons et ornements rocaille, de style Louis XV.

3 — Belle cafetière, de style Louis XIV, offrant des repoussés de dauphins et plantes marines. Le goulot et la naissance des pieds sont formés de mascarons têtes d'homme et de femme, partie inférieure go, dronnée.

4 — Jolie cafetière rocaille à coquilles et guirlandes de fleurs repoussées.

5 — Cafetière de style rocaille, ornements repoussés, pieds torses ciselés.

6-7 — Deux petites cafetières à ornements quadrillés.

8-9 — Deux petites cafetières, ornements et fleurs repoussés. (Sera divisé.)

10 — Verseuse rocaille, enfants sur dauphins, sur quatre pieds torses.

11 — Verseuse de l'époque Louis XVI, à figurines, ornements et guirlandes de fleurs repoussés et gravés.

12 — Chocolatière de style Louis XIV, à côtes et dessins de fleurs et ornements repoussés et gravés.

13 — Petite cafetière d'une tasse, unie, de style Louis XVI.

14-15 — Deux théières Hollandaises, ornements coquilles et fleurs repoussés. (Sera divisé.)

16-17 — Deux théières de forme ronde ornements et fleurs repoussés. (Sera divisé.)

18 — Deux petits pots à lait à côtes et ornements rocaille.

19-24 — Six pots à crême de style Louis XIV, Louis XV et Louis XVI, unis et à ornements repoussés. (Sera divisé.)

25-26 — Deux réchauds de l'époque Louis XVI.

27 — Petit coffret repercé de figurines et ornements dans le style Renaissance, les coins sont ornés de cariatides.

28-30 — Trois coffrets repercés et repoussés d'ornements et figurines.

31 — Coffret en peluche, garni d'argent repoussé.

32-33 — Deux boîtes longues, ornées de sujets de chasse et paysages repoussés.

34 — Vase en vermeil de l'époque Louis XVI.

35 — Grand plat ovale à réserve carrée au centre offrant les figurines de l'Abondance et de la Fortune. Style Renaissance.

36 — Beau plat ovale à ornements et fruits repoussés, offrant au centre une scène galante. Style Louis XIII.

37 — Beau plateau rond sur piédouche à godrons repoussés d'ornements.

38 — Plat rond de style Louis XIII à fruits et ornements repoussés en relief.

39-43 — Cinq plats de style Renaissance, Louis XIII et Louis XIV. (Sera divisé.)

44 — Joli plat ovale de l'époque Louis XIII avec fleurs repoussées et dorées en réserve.

45 — Plateau supportant quatre poulets servant de salières.

46-55 — Dix plateaux de formes et styles différents en vermeil et argent repoussé de figurines et fleurs. (Sera divisé.)

56-64 — Neuf écuelles avec anses argent et vermeil, repoussées de paysages et fleurs. (Sera divisé.)

65-72 — Huit écuelles ovales avec et sans pieds de styles différents. (Sera divisé.)

73-75 — Trois petits cendriers ronds et carrés à anses. (Sera divisé.)

76 — Importante paire de flambeaux de style Louis XIII, corps formé de colonnes torses, pieds repoussés de fleurs.

77 — Paire de girandole, à trois branches, de style rocaille. (Vendues.)

78-79 — Deux paires de flambeaux de style Louis XV, ornements repoussés. (Sera divisé.)

80 — Paire de flambeaux de l'époque Louis XVI, à pieds carrés gravés et ciselés de médaillons et montés sur quatre griffes.

81 — Paire de flambeaux à base et corps carré, de style Louis XIV.

82-84 — Trois paires de flambeaux de style Louis XVI, dont deux à pieds carrés. (Sera divisé.)

85-86 — Deux paires de flambeaux de style Louis XV à godrons en spirale.

87 — Paire de flambeaux de style Louis XIII uni.

88 — Paire de flambeaux sur base carrée, ornés d'amours aux angles.

89 — Petite paire de flambeaux bas, de style rocaille.

90 — Liseuse à deux branches, de style Louis XIV, sur trois pieds.

91 — Petite paire de flambeaux style Louis XIV.

92-99 — Huit bougeoirs de styles et époques différentes. (Sera divisé.)

100 — Timbale argent guilloché.

101-106 — Six petites timbales de style Louis XIV.

107-109 — Trois petites timbales de style Louis XVI.

110-119 — Dix petits gobelets argent et vermeil de différents styles. (Sera divisé.)

120 — Gobelet à six pans, de style Louis XIV, repoussé de scènes champêtres.

121-123 — Trois gobelets en vermeil repoussé et gravé, de l'époque Louis XV et de style Renaissance. (Sera (divisé.)

124-137 — Quatorze petites tasses et gobelets avec et sans anses, de styles Louis XIV, Louis XV et Louis XVI. (Sera divisé.)

138-141 — Quatre gobelets Louis XV gravés.

142-145 — Quatre gobelets de style Louis XIII, à dessous armoriés.

146-151 — Six petits verres à pieds, de style Louis XVI.

152-156 — Cinq calices de styles Renaissance et Louis XIII. (Sera divisé.)

157 — Beau hanap de style Louis XIV, dont le repoussé offre une série de fêtes champêtres.

158 — Douze couverts argent fondu, de style Renaissance, à hauts formés de groupes de femmes et d'enfants.

159-170 — Douze pièces salières, des styles Renaissance, Louis XIV et Louis XV. (Sera divisé.)

171-175 — Cinq paires de salières de styles Renaissance, Louis XIV et Louis XV. (Sera divisé.)

176 — Paire de petites salières en forme de berceaux, dont les couvercles sont surmontés de cigognes.

177 — Paire de salières rondes, sur trois pieds, formes de femmes ailées.

178 — Paire de salières anglaises de l'époque Louis XV.

179 — Paire de salières, style Renaissance, sur trois pieds ciselés.

180 — Deux petites salières forme coquille, style Renaissance.

181 — Quatre salières style Renaissance, à coupe supportée par un faune.

182 — Quatre petites salières à côtes, intérieur vermeil.

183 — Deux cygnes en argent formant salières.

184 — Paire de salières rondes de l'époque Empire, bustes de femmes ailées.

185 — Paire de salières, style Louis XVI, à têtes de boucs.

186 — Paire de salières, style Louis XIV.

187-188 — Deux paires de salières de style Louis XVI, à griffes et médaillons.

189-190 — Deux paires de salières époque Louis XVI, avec chaînettes et colonnes.

191 — Deux salières doubles, style Louis XVI.

192 — Six salières sur trois griffes, style Louis XIV.

193-194 — Deux paires de salières ovales quadrillées et de style Louis XVI. (Sera divisé.)

193-195 — Trois pièces, salières et moutardier, argent repoussé, rocaille.

195-202 — Huit salières à palmettes sur trois pieds ciselés.

203 — Une douzaine cuillers, style rocaille. Écusson et couronne de marquis supportés par un Amour.

204 — Une douzaine cuillers à café, à écussons et bustes de femmes.

205 — Douzaine de petites cuillers, dont les hauts représentent les apôtres.

206 — Douzaine cuillers, style Renaissance, chiens ciselés.

207 — Douzaine de petites cuillers dont les hauts figurent des oiseaux. (En écrin.)

208 — Douze petites fourchettes, branchages sur un support en chêne sculpté.

209 — Douzaine de petites cuillers, modèle branchages à pelles en forme de feuilles.

210 — Six petites cuillers à sel à pelles supportées par des serres.

211 — Onze cuillers sirènes.

212-216 — Cinq douzaines petites cuillers de genre différentes, style Renaissance, Louis XV et feuilles. (Sera divisé.)

217 — Six cuillers à thé en vermeil, repercées à jour. (Seradivisé.)

218-221 — Quatre demi-douzaines cuillers à sel et à café. (Sera divisé.)

222 — Demi-douzaine cuillers vermeil, dont la tête est formée d'une tête de cerf.

223-247 — Seize cuillers à café vermeil, de style Renaissance. (Sera divisé.)

248 — Petit service, style renaissance, composé du couteau, de la cuiller et de la fourchette.

249 — Deux petits services en vermeil, de style Renaissance. (En écrin.)

250 — Douze pinces à sucre de différents modèles en fondu ciselé et repoussé. (Sera divisé.)

251 — Couvert russe en vermeil niellé, composé du couteau, du grand couvert et de la petite cuiller.

252-257 — Six cuillers à sucre, à café, à ragoût et à punch, de diverses époques. (Sera divisé.)

258 — Douze petites fourchettes de style Renaissance.

259-264 — Six cuillers à eau sucrée, de différents modèles. (Sera divisé.)

265 — Belle cuiller en argent fondu, ciselé aux armes d'Angleterre.

266-270 — Cinq paires de ciseaux à raisin, lames argent et acier. (Sera divisé.)

271-282 — Douze grandes cuillers argent et vermeil, de styles différents, à figurines et ornements en relief. (Sera divisé.)

283-294 — Douze petites fourchettes argent, manches nacre et cornaline. (Sera divisé.)

295-310 — Quinze pelles à thé, repercées, ciselées de personnages et ornements. (Sera divisé.)

311 — Beau ravier coquille, intérieur doré.

312 — Deux importants supports en argent repoussé, de de style Louis XVI.

313 — Trois dessous de carafes de l'époque Empire, à palmes repercées.

314 — Six dessous de carafes bois et argent.

315 — Deux dessous de carafes.

316 — Paire de jardinières à côtes alternées de fleurs repoussées, de style Louis XV. (Sera divisé.)

317-323 — Sept petites jardinières de style Renaissance, Louis XIII et Empire. (Sera divisé.)

324-330 — Sept jardinières repercées et repoussées. (Sera divisé.)

331-336 — Six jardinières et porte-bouquets de styles différents. (Sera divisé.)

337 — Deux petites jardinières dont une armoriée, l'autre de style rocaille.

338 — Petit vase monté sur une branche de chêne, couvercle surmonté d'un écureuil.

339 — Quatre petites tasses et soucoupes de styles différents. (Sera divisé.)

340 — Deux corbeilles, dont une repercée et l'autre repoussée de style Renaissance.

341 — Paire de saucières style Louis XV, repoussées d'ornements rocaille.

342-343 — Deux sucriers à anses ajourés et repoussés de feuillages. (Sera divisé.)

344 — Sucrier à deux couvercles, de style Louis XIII.

345 — Sucrier Louis XV, avec ornements de fleurs au milieu.

346 — Sucrier de l'époque Louis XVI, à figurines et ornements ajourés et repoussés.

347-356 — Dix sucriers et drageoirs des styles Louis XIII, Louis XIV, Louis XV et Louis XVI. (Sera divisé.)

357 — Paire de sucriers en poudre, de style Louis XVI, repoussés d'ornements et godrons.

358 — Saucière en argent repoussé, de style Rocaille.

359-360 — Deux sucriers à anses ajourés, intérieur cristal. (Sera divisé.)

361 — Bel huilier de l'époque Empire, à décors de vases et cygnes.

362 — Huilier en argent de l'époque Louis XVI.

363 — Huilier de l'époque Louis XV, accompagné de ses deux salières.

364 — Ménagère du style Louis XIV, accompagnée de ses trois flacons en cristal taillé à fond doré.

365 — Ménagère de l'époque Empire, à pourtour ajouré, gravé et bords perlés.

366-367 — Deux petites buires, ornements et feuillages repoussés.

368 — Jolie buire de style Renaissance, repoussée d'ornements.

369 — Tasse en porcelaine de Saxe, trembleuse, de style rocaille, sur feuille, argent repoussé.

370 — Porte-montre de style Louis XV, orné de pièces et médailles.

371-375 — Cinq encriers argent et cristal des époques Louis XV et Empire.

376-379 — Quatre encriers tout argent, de styles différents.

380-381 — Deux coupes, dont une formée d'un amour et l'autre montée sur trois dauphins.

382 — Coupe cristal vert, pied rocaille ajouré.

383 — Coupe à fruit en argent repoussé, anses formés de têtes de lions, intérieur cristal.

284 — Tasse et soucoupe en vermeil gravé.

385-386 — Deux paires de petits vases argent.

387 — Une douzaine de cuillers à dessert, style rocaille,

388 — Onze cuillers argent, coquilles et rocailles.

389 — Dix-neuf couteaux et fourchettes manches argent.

390 — Six couteaux manches St-Georges en argent.

391-395 — Cinq passe-thé et trois porte-cure dents. (Sera divisé.)

396-398 — Trois plaques argent St-Gérôme, tête de Christ, et Christ portant sa croix. (Sera divisé.)

399-401 — Trois Christ sur croix argent et ébène. (Sera divisé.)

402 — Chapelet et figurines religieuses en argent fondu et ciselé.

403 — Grande plaque argent repoussé. Tête de saint Paul.

404 — Deux plaques. Scène de la Passion et triomphe de la Vierge.

405-406 — Deux très belles plaques argent fondu. La Vierge et l'Enfant Jésus, et l'Annonciation. (Sera divisé.)

407-408 — Deux plaquettes argent en relief. Intérieurs flamands.

409-412 — Cinq petites plaquettes figurines et intérieurs hollandais, en argent repoussé.

413 — Grand crucifix en bois d'ébène. Christ. Extrémités de croix et ornements en argent.

414 — Très beau « Pieta » Louis XIV, en argent.

413-443 — Trente cadres de style Renaissance, Louis XIII, Louis XIV et Louis XVI, en argent et vermeil repoussé, repercé de figurines fleurs et ornements. (Sera divisé.)

444-445 — Douze beaux bénitiers en argent repoussé de fleurs, fruits et ornements de différents styles. (Sera divisé.)

456 — Petite glace dans un cadre argent de style Renaissance ajouré.

457 — Grand cadre ovale en argent finement ajouré d'arabesques.

458-491 — Trente-quatre pendentifs. Ex-votos, cadres et reliquaires en argent, de diverses époques. (Sera divisé.)

492-500 — Neuf manches de cannes et béquilles argent repoussé.

501-529 — Vingt-neuf cachets et groupes figurines et ornements de l'époque Louis XIV, Louis XV, et Louis XVI.

530-544 — Quinze belles paires de boucles argent des époques Louis XV et Louis XVI, garnies de strass et cailloux du Rhin. (Sera divisé.)

545-550 — Seize boucles de ceinture et souliers dépareillées, garnies de strass et cailloux du Rhin, des époques Louis XV et Louis XVI (Sera divisé.)

552 — Environ quatre-vingts boucles d'argent, dont plusieurs par paires des époques Louis XIII, Louis XIV, Louis XV et Louis XVI. (Sera divisé.)

553 — Environ trente-six paires de boucles argent, époque Louis XIII, Louis XIV, Louis XV et Louis XVI. (Sera divisé.)

554 — Montre en or de l'époque Louis XV.

555 — Montre en or rouge, ornée d'ors de couleur et de platine.

556-558 — Montres en or guilloché entourages de 1/2 perles. (Sera divisé.)

559-562 — Une montre en cuivre doré et deux montres de l'époque Louis XVI, en or, à médaillon peintures entourées de jargons. (Sera divisé.)

563-568 — Six montres de l'époque Louis XVI, or guilloché, garnies d'ornements en or vert et de couleur.

569 — Nécessaire de dame, garni de pièces en or, époque Louis XVI.

570-576 — Sept pièces pendentifs, flacon verre à liqueur, socle étui à lunettes et jeu de tiroirs. (Sera divisé.)

577 — Ornement de coiffure, fourchettes et cuiller à moelle.

578-580 — Trois brosses garnies d'argent repoussé. (Sera divisé.)

581-589 — Neuf pièces, statuettes, groupes, enfants, animaux, et cachets. (Sera divisé.)

590-593 — Quatre douzaines de boutons d'argent, en argent, montés de cailloux du Rhin de l'époque Louis XVI. (Sera divisé.)

594-607 — Environ quatorze douzaines de boutons argent de l'époque Louis XVI. (Sera divisé.)

608-610 — Cinq porte-cigares et porte-allumettes de modèles différents.

613 — Deux salières vermeil forme coquilles, supportées par des monstres marins.

614 — Quatre porte-menu de style Louis XVI.

615 — Petit vase avec couvercle, garni de pièces anciennes, et moutardier forme baril.

616-618 — Deux petites lampes et une tirelire en argent.

619 — Une aumônière garnie, et quatre fermoirs repercés ciselés et gravés. (Sera divisé.)

620 — Vingt-quatre petites cuillers à sel et à sucre, de différents styles. (Sera divisé.)

621 — Deux petits verres à pied, forme vase.

622-623 — Deux sonnettes, dont une en vermeil, et un moulin à poivre. (Sera divisé.)

624-627 — Quatre trousses Galuchal et peau de requin, garnies d'argent, deux sont complètes, XVIIIe siècle.

628 — Lampe de sacristie, argent doré, repoussé et ajouré.

629-635 — Six couvertures de livres en argent repoussé d'ornements et figurines de style Renaissance, Louis XIV et Louis XV. (Sera divisé.)

636 — Navire de guerre monté sur quatre roues.

637 — Petit porte-montre supporté par deux amours de style Louis XVI.

638 — Bol à bouillon en argent repoussé, de style Louis XV.

639 — Bol à bouillon accompagné de sa soucoupe et de son couvercle, de l'époque Empire.

640 — Une gourde plate en argent.

641-665 — Vingt-cinq chaînes, bracelets et chapelets argent, maillons russes et filigrane. (Sera divisé.)

666-675 — Dix grands jouets argent repoussé, ciselé, table, bâteaux, etc., etc.

776-677 — Deux moutardiers de l'époque Empire à sphinx ailés.

678 — Cent pièces, jouets d'enfants, bateaux, cages, instruments de cuisine, etc. (Sera divisé.)

679-685 — Six croix argent fondu et ciselé, et une en cuivre. (Sera divisé.)

686 — Dix-huit couteaux d'argent époque Louis XV.

687 — Un porte-montre style Louis XV.

688 — Trois hochets argent.

689-691 — Quatre presse-papiers, animaux et ancre. (Sera divisé.)

692-791 — Cent boites, cassolettes, bonbonnières, des époques Louis XIV; Louis XV et Louis XVI argent garni d'émaux. (Sera divisé.)

791-797 — Sept châtelaines en bronze repercé, et doré et quatorze en argent.

798-792 — Cinq pièces argent, brûle-parfums, vase et custode. (Sera divisé.)

793-800 — Huit pièces, couronnes, gondole, pipe garnie, argent, etc. (Sera divisé.)

801-804 — Quatre pièces, tryptique, pelote, couvertures de velours garni d'argent.

805-820 — Seize pièces, bouchons, vase, étui, pieds jardinières, statuette cerf, rond de serviette. (Sera divisé.)

821-836 — Seize boites à allumettes et à tabac, en argent et argent niellé. (Sera divisé.)

837-840 — Quatre flacons en Delft, garnis argent.

841 — Groupe, deux petits lévriers jouant avec une balle.

842-861 — Vingt pièces fermoirs de livres et agraffes.

862 — Vingt pièces croix russes, normandes et espagnoles en argent. (Sera divisé.)

863 — Cinquante pièces breloques, médailles et divers. (Sera divisé.)

864 — Vingt-cinq pièces et jetons argent.

865-866. — Deux Christs ivoire.

867. — Onze épingles de coiffure argent (filigrane). (Sera divisé.)

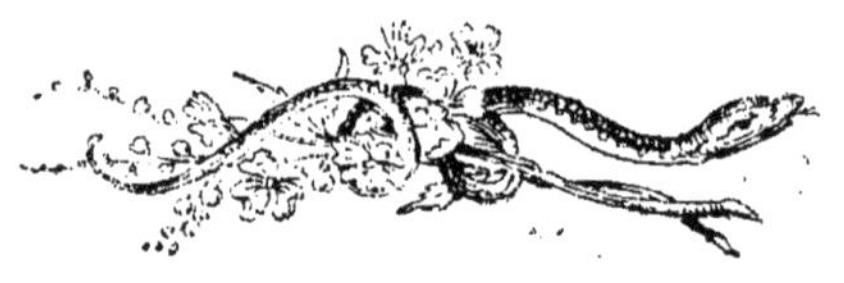

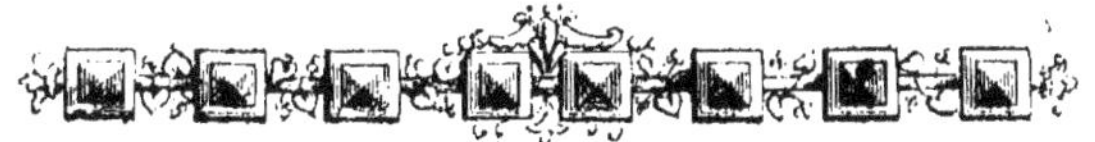

BIJOUX

868 — Belle bague perle fine, dont les côtés sont garnis de deux brillants.

869 — Bague garnie de deux perles de couleur séparées par deux fleurons brillants et roses.

870 — Deux bagues marquise carrées et ovales, roses émail, noires et perle fine au centre. (Sera divisé.)

871-873 — Trois bagues saphir, entourées de brillants. (Sera divisé.)

874-877 — Quatre bagues à plusieurs corps, garnies de roses, saphirs, émeraudes, perles et turquoises. (Sera divisé.)

878-886 — Neuf bagues d'homme camées et intailles. (Sera divisé.)

887-891 — Cinq bagues ornées de brillants solitaires. (Sera divisé.)

892-898 — Sept bagues ornées d'œils de chat, émeraude, saphir, turquoises, etc. (Sera divisé.)

899-915 — Dix-sept bagues chevalières d'homme, ornées de jaspes et nicolos, grenats, etc. (Sera divisé.)

916-968 — Cinquante-trois bagues de dames, ornées de camées, perles, roses, turquoises, rubis et émeraudes. (Sera divisé.)

969 — Trois boutons de chemise, brillants.

970 — Trois boutons de chemises, perles fines, flèches roses.

971-973 — Trois garnitures de boutons de chemises, perles fines. (Sera divisé.)

974 — Bracelet orné d'un fort brillant au centre avec branchage de laurier en roses sur les côtés.

975 — Bracelet à deux corps or mat, jumeau orné de deux perles fines et quatre brillants. (Cette pièce se démonte.)

976 — Bracelet chevalière, chaton émeraude, entourage brillants.

977 — Bracelet or, bande onyx, orné de brillants et roses.

978 — Belle épingle de cravate, perle fine avec fleurons roses.

979-982. — Quatre épingles, trèfle, griffe, bilboquet orné de perles fines et roses. (Sera divisé.)

983-984 — Deux épingles de cravate, camées, tête de guerriers. (Sera divisé.)

985-1016 — Trente-deux épingles de cravate en or de fantaisie, ornées de pierres fines et de perles et pièces. (Sera divisé.)

1817-1060 — Quarante-quatre épingles de cravate, argent doré et doublé de différents modèles. (Sera divisé.)

1061 — Dix-neuf perles fines montées sur tiges argent doré.

1062 — Paire de boutons d'oreilles, perles fines, entourées de brillants.

1063-1064 — Deux paires boutons d'oreilles, trèfles en perles fines roses aux chatons.

1065 — Paire boutons d'oreilles, mouches corps perles fines, émeraudes, rubis, ailes pavées de roses. (Sera divisé.)

1066 — Paire de boutons d'oreilles émeraudes, brides roses.

1067-1068 — Deux paires boutons d'oreilles, ornées de roses. (Sera divisé.)

1069 — Paire de pendants poires perles fines blanches, surmontées de double calottes ornées de roses.

1070 — Paire de pendants d'oreilles perles fines et feuilles en roses.

1071-1072 — Deux paires de pendants d'oreilles, roses et perles fines. (Sera divisé.)

1073-1074 — Deux paires de pendants d'oreilles, poires perles fines grises, ornées de calotes roses et brillants.

1075 — Paires de pendants brides roses, rubis et perles en forme de poire.

1076 — Paire de pendants d'oreilles, créoles perles fines.

1077 — Paire de boutons d'oreilles roses, monture à vis.

1078 — Paire de boutons froufrous perles fines et trois boutons dépareillés. (Sera divisé.)

1079 — Châtelaine or, camée et émeraudes.

1080 — Chaîne corde perles fines alternées.

1081 — Trente-sept croix et bijoux de cou or et argent, des époques Louis XIV et Louis XVI, avec pierres et émaux. (Sera divisé.)

1082-1091 — Dix colliers et chaînes de cou en or.

1092-1100 — Neuf chaînes or, de modèles différents. (Sera divisé.)

1100-1105 — Six montres remontoir d'homme à fonds unis et gravés. (Sera divisé.)

1110-1111. — Six montres de dames, en or, à clef et à remontoir. (Sera divisé.)

1112-1117 — Six broches et pendants d'oreilles garnis de strass. (Sera divisé.)

1118 — Médaillon onyx, orné d'un fort brillant au centre.

1119-1132 — Quinze médaillons et breloques en or et garnis de pierres. (Sera divisé.)

1133-1134 — Deux médaillons or et émail garnis de roses. (Sera divisé.)

1135-1139 — Cinq demi-parures de chemises or lapis et onyx et roses. (Sera divisé.)

1140-1143 — Quatre demi-parures or et garnies de pierres. (Sera divisé.)

1146-1148 — Trois demi-parures ornées de diamants de blés et perles. (Sera divisé.)

1149 — Demi-parure normande en or garni de jargon.

1150 — Demi-parure or mat, avec marguerites perles et roses en relief.

1151 — Vingt-trois pièces, cachet, boutons d'oreilles, bagues. (Sera divisé.)

1152-1174 — Vingt-quatre boutons et pendants d'oreilles or et ornées de pierres et camées.

1175-1189 — Quinze broches or et garnies de pierres. (Sera divisé.)

1190 — Vingt pièces breloques médailles et médaillons. (Sera divisé.)

1191 — Vingt pièces broches et pendants d'oreilles argent. (Sera divisé.)

1192 — Soixante pièces flacons, porte-or, passants, porte-crayon, agraffes, étiquettes à bouteilles. (Sera divisé.)

1193 — Trente-quatre bracelets argent doré émaillé, garnis médailles et de différents styles. (Sera divisé.)

1194 — Soixante pièces filigrane de mayorque, argent doré, colliers, broches, croix, pendants d'oreilles, boutons de chemises, etc.

1195-1254 — Soixante broches ornées de perles et strass. (Sera divisé.)

1255-1259 — Cinq croix et Saint-Esprit or et pierres fines. (Sera divisé.)

1260-1269 — Dix pièces châtelaine, dorées et émaillées, broches et breloques. (Sera divisé.)

1270 — Quarante pièces argent, bagues. breloques, croix, boutons d'oreilles et de chemise. (Sera divisé.)

1271-1292 — Vingt-deux montres et boutons en argent et galuchat. (Sera divisé.)

1293-1296 — Quatre montres argent à boitier repoussé de personnages, époque Louis XV. (Sera divisé.)

1300 — Soixante pièces coins et fermoirs de livres du XVIIIe siècle. (Sera divisé.)

1300-1308 — Neuf nécessaires plats et ronds, époque Louis XV et Louis XVI en cuir, galuchat, écaille, garnis argent. (Sera divisé.)

1309-1311 — Trois pièces, boite à compartiments, encrier, bonbonnière, pierres dures, garnies d'argent.

1312-1320 — Neuf couteaux nacre, ivoire, porphyre et argent, des époques Louis XIV, Louis XV, et Louis XVI. (Sera divisé.)

1321 — Etui en or gravé de l'époque Louis XVI.

1322 — Sous ce numéro seront vendus des brillants, roses, perles, turquoise, saphirs sur papier. (Sera divisé.)

1323 — Sous ce numéro seront vendus les objets omis au catalogue.

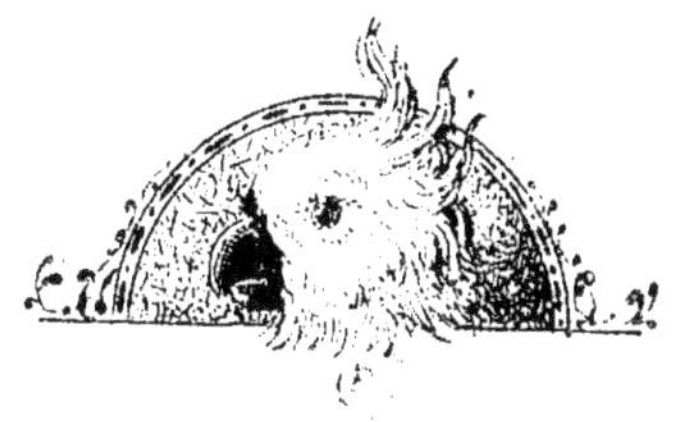

www.ingramcontent.com/pod-product-compliance
Ingram Content Group UK Ltd.
Pitfield, Milton Keynes, MK11 3LW, UK
UKHW022145260726
13993UKWH00005B/2160